Entfalte de

Ein ganzheitlicher Weg zur

Vorwort

Liebe Leserinnen und Leser,

herzlich willkommen zu diesem Buch über Persönlichkeitsentwicklung! In einer Welt, die ständig im Wandel begriffen ist, kommt es mehr denn je darauf an, sich selbst aktiv zu gestalten und fortlaufend zu entwickeln. Die eigene Persönlichkeit zu entfalten, ist ein lebenslanger Prozess, der nicht nur dazu beiträgt, individuelle Ziele zu erreichen, sondern auch das innere Gleichgewicht und die Zufriedenheit zu stärken.

Die Idee zu diesem Buch entspringt der Überzeugung, dass jeder Mensch das Potenzial in sich trägt, sich positiv zu verändern und sein Leben bewusst zu lenken. Ob in beruflicher Hinsicht, in zwischenmenschlichen Beziehungen oder im Umgang mit sich selbst – die Werkzeuge zur Persönlichkeitsentwicklung können in vielfältiger Weise eingesetzt werden.

Im Laufe der folgenden Seiten werden Sie auf eine Reise zu sich selbst gehen. Sie werden auf Erkenntnisse stoßen, die Sie vielleicht bereits ahnten, aber auch auf neue Einsichten, die Ihr Denken und Handeln nachhaltig beeinflussen können. Dabei wird der Fokus nicht nur auf theoretischen Konzepten liegen, sondern auch auf praktischen Anleitungen und Übungen, die Ihnen dabei helfen sollen, das Gelesene direkt in Ihr Leben zu integrieren.

Persönlichkeitsentwicklung bedeutet nicht, sich einem starren Ideal anzupassen, sondern authentisch die beste Version seiner selbst zu werden. Es geht darum, sich selbst besser zu verstehen, die eigenen Stärken zu nutzen und an den Schwächen zu arbeiten. Dieser Prozess erfordert Mut, Offenheit und die Bereitschaft, sich auf Veränderungen einzulassen.

Ich lade Sie ein, dieses Buch nicht nur als Informationsquelle zu betrachten, sondern als Begleiter auf Ihrem Weg der persönlichen Entwicklung. Nutzen Sie die Impulse, reflektieren Sie, probieren Sie aus und seien Sie geduldig mit sich selbst. Denn Veränderung braucht Zeit, aber der Weg zu einer erfüllteren Persönlichkeit ist es wert, gegangen zu werden.

Ich wünsche Ihnen eine inspirierende Lektüre und vor allem eine aufregende Reise zu sich selbst!

Mit herzlichen Grüßen,

Adise

Inhaltsverzeichnis

Kapitel 6: Die Kraft der Gewohnheiten

* Positive Gewohnheiten etablieren
* Schädliche Gewohnheiten durch förderliche ersetzen
* Die Rolle von Routinen in der Persönlichkeitsentwicklung

Kapitel 7: Beziehungen und soziale Intelligenz

* Aufbau und Pflege gesunder Beziehungen
* Emotionale Intelligenz entwickeln
* Kommunikation in sozialen Netzwerken

Kapitel 8: Kreativität und persönliche Entfaltung

* Den kreativen Geist entfesseln
* Persönliche Leidenschaften und Talente erkennen
* Die Verbindung von Kreativität und persönlichem Wachstum

Kapitel 9: Die Suche nach Bedeutung

* Sinn und Zweck im Leben finden
* Spirituelle Aspekte der Persönlichkeitsentwicklung
* Beitrag zur Gemeinschaft und zur Welt

Kapitel 10: Die fortwährende Reise

- Die Bedeutung lebenslangen Lernens
- Die Rolle von Rückblick und Vorausblick
- Die Inspiration, anderen auf ihrem Weg zu helfen

Kapitel 1: Die Reise beginnt

Die Persönlichkeitsentwicklung ist eine faszinierende Reise zu einem tieferen Verständnis von sich selbst und zu einem erfüllteren Leben. In diesem ersten Kapitel werfen wir einen Blick auf die grundlegenden Aspekte dieses Weges des persönlichen Wachstums.

Selbstreflexion ist eine zentrale Komponente auf dem Weg der Persönlichkeitsentwicklung. Sie bezieht sich auf die bewusste Auseinandersetzung mit den eigenen Gedanken, Gefühlen, Handlungen und Erfahrungen. Die Fähigkeit zur Selbstreflexion ermöglicht einen tiefen Einblick in das eigene Innere und bildet die Grundlage für bedeutende Veränderungen und persönliches Wachstum. Selbstreflexion ermöglicht es uns, unsere grundlegenden Werte, Überzeugungen und Prioritäten zu identifizieren. Durch diese Klarheit können wir unser Handeln bewusster ausrichten und Entscheidungen treffen, die mit unseren tiefsten Überzeugungen im Einklang stehen. Durch selbstkritische Analyse können wir unsere Stärken erkennen und diese gezielt weiterentwickeln. Gleichzeitig hilft uns die Selbstreflexion, unsere Schwächen zu identifizieren und Strategien zu entwickeln, um sie zu überwinden. Dieser Prozess bildet die Grundlage für persönliche Entwicklung und Wachstum. Selbstreflexion ermöglicht es uns, unsere emotionalen Zustände zu verstehen und zu akzeptieren. Dieses Bewusstsein stärkt die emotionale Intelligenz, fördert die Selbstkontrolle und verbessert die Fähigkeit, effektiv mit unterschiedlichen Gefühlen umzugehen. Durch das reflektierte Betrachten vergangener Entscheidungen können wir Muster erkennen und lernen, bessere Entscheidungen für die Zukunft zu treffen. Selbstreflexion schafft eine bewusste Entscheidungsbasis, die auf persönlichem Wissen und Erfahrung beruht. Selbstreflexion fördert die Selbstakzeptanz, indem sie uns ermutigt, uns selbst ohne Vorurteile zu betrachten. Dieser Prozess hilft, innere Konflikte zu lösen und ein gesundes Selbstbild aufzubauen. Die Fähigkeit zur Selbstreflexion ermöglicht eine kontinuierliche Anpassung und Entwicklung. Indem wir unsere Erfahrungen bewerten und reflektieren, bleiben wir offen für Veränderungen und wachsen kontinuierlich als Individuen.

In der Persönlichkeitsentwicklung ist Selbstreflexion wie das Licht, das auf unsere innersten Ecken scheint. Sie gibt uns Einblick in unser Wesen, fördert Bewusstsein und Selbstverständnis, und ebnet somit den Weg für eine bewusstere und erfülltere Lebensführung. Selbstreflexion ist nicht nur ein Werkzeug, sondern eine lebenslange

Fähigkeit, die die Tür zu stetigem persönlichem Wachstum öffnet.

Schau auf vergangene Erfahrungen zurück, sowohl positive als auch negative, und analysiere, was dazu beigetragen hat, dass sie erfolgreich oder herausfordernd waren. Achte auf deine emotionalen Reaktionen in verschiedenen Situationen. Positive Emotionen könnten auf Stärken hinweisen, während negative Emotionen auf Bereiche hindeuten können, die verbessert werden könnten. Bitte Menschen in deinem Umfeld um ehrliches Feedback zu deinen Stärken und Schwächen. Oft haben andere eine Perspektive, die dir selbst möglicherweise entgeht. Bei der Arbeit kannst du Leistungsbewertungen und Feedback von Vorgesetzten nutzen, um Einblicke in deine beruflichen Fähigkeiten zu erhalten. Nutze seriöse Persönlichkeitstests, die dir helfen können, deine natürlichen Stärken und Präferenzen zu identifizieren. Beispiele hierfür sind der Myers-Briggs-Typenindikator (MBTI) oder der StrengthsFinder. Schau auf Momente, in denen du erfolgreich warst, und analysiere, welche deiner Fähigkeiten dabei eine Rolle gespielt haben. Gleichzeitig betrachte Misserfolge als Lernmöglichkeiten. Überlege, welche Aktivitäten und Werte dir besonders wichtig sind. Das, was dir wirklich am Herzen liegt, könnte auf eine Stärke hindeuten. Schau auf deine beruflichen und akademischen Erfolge. Welche Fähigkeiten und Qualitäten haben dazu beigetragen?

Betrachte auch Situationen, in denen du auf Herausforderungen gestoßen bist. Welche Fähigkeiten könnten dazu beigetragen haben, diese besser zu bewältigen?

Experimentiere mit verschiedenen Aktivitäten und Herausforderungen, um neue Stärken und Interessen zu entdecken. Dies könnte auch dazu beitragen, Schwächen zu identifizieren, die du möglicherweise verbessern möchtest.

Die Identifikation von Stärken und Schwächen ist ein dynamischer Prozess. Es erfordert Selbstreflexion, Feedback von anderen und die Bereitschaft, sich neuen Erfahrungen auszusetzen. Der Fokus sollte darauf liegen, die eigenen Potenziale zu nutzen und gleichzeitig an der Weiterentwicklung von Bereichen zu arbeiten, die als Schwächen identifiziert wurden.

Kapitel 2: Die Macht der Gedanken

Die Macht der Gedanken spielt eine entscheidende Rolle in der Persönlichkeitsentwicklung. Unsere Denkmuster beeinflussen nicht nur unsere Wahrnehmung der Welt, sondern auch unsere Emotionen, Handlungen und letztendlich unser Lebenserlebnis.

Achte bewusst auf deine Gedanken und identifiziere negative Denkmuster. Sei aufmerksam für wiederkehrende negative Selbstgespräche oder pessimistische Gedanken. Hinterfrage die Gültigkeit negativer Gedanken. Frage dich, ob sie auf realen Fakten beruhen oder auf irrationalen Annahmen und Ängsten. Frage dich, warum bestimmte negative Denkmuster auftauchen. Könnten sie auf vergangenen Erfahrungen, Überzeugungen oder Unsicherheiten basieren?
Finde positive Aspekte oder Erfahrungen, die den negativen Gedanken entgegenwirken. Entwickle positive Gegenargumente, um die pessimistische Sichtweise auszubalancieren. Erstelle positive Affirmationen, die den negativen Gedanken entgegenwirken. Wiederhole diese regelmäßig, um neue, positive Denkmuster zu etablieren. Versuche, eine realistischere Perspektive einzunehmen. Stelle dir die Frage, ob deine Einschätzung der Situation

wirklich so negativ ist, wie du sie wahrnimmst. Übe Achtsamkeit, um den gegenwärtigen Moment bewusst zu erleben. Dies hilft, sich von übermäßig negativen Gedanken zu lösen und einen klaren Kopf zu bewahren. Sei freundlich zu dir selbst und vermeide Selbstkritik. Akzeptiere, dass negative Gedanken normal sind, aber erkenne auch die Möglichkeit der Veränderung an. Bei hartnäckigen negativen Denkmustern könnte die Hilfe eines Therapeuten oder Coaches wertvoll sein. Sie können unterstützen, tieferliegende Ursachen zu verstehen und konkrete Strategien zu entwickeln. Setze realistische Ziele für die Veränderung negativer Denkmuster. Konzentriere dich auf kleine Schritte und feiere Erfolge, um Selbstvertrauen aufzubauen. Die Transformation negativer Denkmuster erfordert Geduld, Kontinuität und Selbstreflexion. Es ist ein fortlaufender Prozess, bei dem bewusste Anstrengungen unternommen werden, um pessimistische Gedanken durch konstruktivere und realistischere Denkweisen zu ersetzen.

Affirmationen sind positive Aussagen oder Sätze, die regelmäßig wiederholt werden, um das Unterbewusstsein zu beeinflussen und positive Veränderungen im Denken und Verhalten zu fördern. Die Wirkung von Affirmationen kann vielfältig sein und spielt eine wichtige Rolle in der Persönlichkeitsentwicklung. Affirmationen wirken auf das Unterbewusstsein, das einen erheblichen Einfluss auf unsere Gedanken, Emotionen und Handlungen hat. Durch die regelmäßige Wiederholung von positiven Aussagen können neue, unterstützende Glaubenssätze entwickelt und negative Denkmuster umprogrammiert werden. Affirmationen dienen dazu, positive Denkmuster zu verstärken. Indem wir uns auf das Gute, Positive und Mögliche in unserem Leben konzentrieren, fördern wir eine optimistischere Sichtweise. Durch die Wiederholung von affirmativen Sätzen, die das Selbstwertgefühl stärken, kann das Selbstbewusstsein gesteigert werden. Positiv formulierte Aussagen helfen, das Vertrauen in die eigenen Fähigkeiten zu stärken. Affirmationen, die sich auf Selbstliebe und Selbstakzeptanz konzentrieren, unterstützen die Entwicklung eines positiven Selbstbildes. Sie erinnern uns daran, uns selbst mit Freundlichkeit und Mitgefühl zu behandeln. Affirmationen können motivierend wirken. Indem wir uns auf unsere Ziele und Stärken fokussieren, steigern wir unsere Motivation, Herausforderungen anzugehen und unsere Ziele zu verfolgen. Positive Affirmationen können dabei helfen, Stress abzubauen und Entspannung zu fördern. Die bewusste Ausrichtung auf positive Gedanken reduziert Stress und trägt zu einem allgemeinen Gefühl des Wohlbefindens bei. Affirmationen beeinflussen nicht nur unser Denken, sondern auch die Art und Weise, wie wir von anderen wahrgenommen werden. Eine positive innere

Einstellung strahlt nach außen und kann positive Beziehungen und Interaktionen fördern. Indem wir uns darauf konzentrieren, unsere Ziele durch positive Affirmationen zu erreichen, schaffen wir einen mentalen Raum für den Erfolg. Positive Überzeugungen können als Antrieb dienen, um konkrete Schritte zur Verwirklichung unserer Ziele zu unternehmen. Affirmationen können als Leitfaden für Selbstreflexion dienen. Sie ermutigen dazu, über die eigenen Werte, Bedürfnisse und Ziele nachzudenken und können dazu beitragen, eine klare, positive Lebensausrichtung zu entwickeln. Positive Affirmationen können die Resilienz stärken, indem sie dazu beitragen, Herausforderungen mit einem optimistischen Blickwinkel zu betrachten und die Überzeugung fördern, dass man auch aus schwierigen Situationen gestärkt hervorgehen kann. Es ist wichtig zu betonen, dass die Wirkung von Affirmationen individuell variieren kann. Konsistenz, Glaube an die Aussagen und die Integration in einen umfassenderen Ansatz zur Persönlichkeitsentwicklung spielen eine Schlüsselrolle für ihren Erfolg.

Visualisierungstechniken sind kraftvolle Werkzeuge in der Persönlichkeitsentwicklung, um persönlichen Erfolg zu fördern. Durch die bewusste Vorstellung von Zielen und positiven Szenarien können wir unser Unterbewusstsein beeinflussen und den Weg für Erfolg ebnen. Bevor du mit der Visualisierung beginnst, definiere klare und spezifische Ziele für deinen persönlichen Erfolg. Je genauer du deine Ziele kennst, desto effektiver kannst du sie visualisieren. Schließe die Augen und erschaffe ein detailliertes mentales Bild von deinem Erfolg. Stelle dir vor, wie du deine Ziele erreichst, und visualisiere die Details: Umgebung, Emotionen, Menschen um dich herum usw. Vertiefe die Visualisierung, indem du alle Sinne einbeziehst. Fokussiere nicht nur auf das, was du siehst, sondern auch auf das, was du hörst, riechst, schmeckst und fühlst. Dies macht die Visualisierung lebendiger und kraftvoller. Verbinde positive Emotionen mit deiner Visualisierung. Fühle die Freude, den Stolz und die Zufriedenheit, die mit dem Erreichen deiner Ziele einhergehen. Dies verstärkt die Wirkung der Visualisierung. Setze dir Zeit für regelmäßige Visualisierungseinheiten. Je häufiger du positive Bilder von Erfolg in deinem Geist erschaffst, desto stärker werden diese Bilder in deinem Unterbewusstsein verankert. Konzentriere dich nicht nur auf langfristige Ziele, sondern auch auf kleinere Etappenziele. Visualisiere jeden Schritt auf dem Weg zum Erfolg und feiere auch kleine Fortschritte. Erstelle ein physisches oder digitales Vision Board mit Bildern, Zitaten und Symbolen, die deine Ziele repräsentieren. Dies dient als visuelle Erinnerung und Verstärkung deiner Visualisierung. Stelle dir vor, wie du

Hindernisse überwindest. Dies hilft nicht nur, dich mental darauf vorzubereiten, sondern fördert auch die Zuversicht, dass du in der Lage bist, Herausforderungen zu meistern. Integriere positive Selbstgespräche in deine Visualisierung. Höre in deinem Geist aufbauende Worte, die deine Fähigkeiten, Durchhaltevermögen und Erfolgspotenzial betonen. Verbinde deine Visualisierung mit konkreten Handlungen. Setze die Energie und Motivation aus der Visualisierung in Handlungen um, um deine Ziele zu erreichen. Visualisierungstechniken können eine starke Kraft für persönlichen Erfolg sein, indem sie die mentale Ausrichtung, Motivation und Entschlossenheit stärken. Die regelmäßige Praxis dieser Techniken kann dazu beitragen, einen positiven Mindset zu kultivieren und den Weg für persönliche Erfüllung zu ebnen.

Kapitel 3: Kommunikation meistern

Klare und respektvolle Kommunikation ist entscheidend für erfolgreiche zwischenmenschliche Beziehungen und ein effektives Miteinander. Höre aufmerksam zu, wenn jemand spricht. Zeige Interesse, indem du Blickkontakt hältst, nicken oder verbal bestätigen. Aktives Zuhören signalisiert Respekt und fördert das Verständnis. Verwende klare und präzise Sprache, um deine Gedanken zu kommunizieren. Vermeide vage oder mehrdeutige Ausdrücke, um Missverständnisse zu minimieren. Frage nach, wenn du etwas nicht verstehst, anstatt Annahmen zu treffen. Annahmen können zu Missverständnissen führen, während klare Nachfragen Klarheit schaffen. Akzeptiere, dass Menschen unterschiedliche Meinungen haben können. Respektiere diese Meinungsverschiedenheiten und suche nach einem konstruktiven Dialog, anstatt in Konflikte zu geraten. Wenn es Konflikte gibt, vermeide Schuldzuweisungen. Fokussiere auf deine eigenen Gefühle und Bedürfnisse, anstatt den anderen zu beschuldigen. Dies fördert Verständnis und ermöglicht eine konstruktive Lösungsfindung. Achte auf deine Körpersprache, da sie oft genauso wichtig ist wie deine Worte. Eine offene Körpersprache, angemessener Augenkontakt und ein freundliches Lächeln können

Respekt signalisieren. Reduziere Ablenkungen, wenn du mit jemandem sprichst. Schalte Handys stumm, richte deine Aufmerksamkeit auf den Sprecher und zeige, dass du wirklich präsent bist. Übernehme Verantwortung für deine eigenen Worte und Handlungen. Wenn du einen Fehler machst, stehe dazu und zeige Bereitschaft zur Lösung. Wenn du in einem Gespräch emotional wirst, nimm dir eine kurze Pause, um nachzudenken, bevor du antwortest. Dies verhindert impulsive Reaktionen und fördert eine bedachte Kommunikation. Wenn du Feedback gibst, achte darauf, es konstruktiv und respektvoll zu formulieren. Betone positive Aspekte und schlage konkrete Verbesserungsmöglichkeiten vor. Zeige Einfühlungsvermögen für die Gefühle und Perspektiven anderer. Versuche, dich in ihre Lage zu versetzen, um ein tieferes Verständnis zu fördern. Wenn Unsicherheiten bestehen, kläre sie sofort. Missverständnisse können vermieden werden, indem du proaktiv nachfragst und sicherstellst, dass alle Beteiligten auf derselben Seite sind. Eine klare und respektvolle Kommunikation bildet die Grundlage für gesunde Beziehungen und effektive Zusammenarbeit. Indem du bewusst an deiner Kommunikationsfähigkeit arbeitest und die Bedürfnisse und Perspektiven anderer respektierst, kannst du eine positive und unterstützende Kommunikationskultur fördern.

Effektive Konfliktlösung ist entscheidend für die Aufrechterhaltung gesunder zwischenmenschlicher Beziehungen, sei es im persönlichen oder beruflichen Umfeld. Höre aufmerksam zu, um die Perspektiven aller Beteiligten zu verstehen. Zeige durch verbale und nonverbale Signale, dass du aufmerksam bist, und wiederhole wichtige Punkte, um sicherzustellen, dass du richtig verstanden hast. Kommuniziere klar und respektvoll, um Missverständnisse zu minimieren. Verwende "Ich"-Aussagen, um deine eigenen Gefühle und Bedürfnisse auszudrücken, anstatt "Du"-Aussagen, die beschuldigend wirken können. Wenn möglich, ziehe eine neutrale Person als Vermittler hinzu. Diese Person kann helfen, den Dialog zu moderieren, Emotionen zu beruhigen und den Fokus auf konstruktive Lösungen zu lenken. Stelle sicher, dass alle Beteiligten ein gemeinsames Verständnis des Konflikts haben. Klarheit über die Ursachen und Auswirkungen des Konflikts bildet die Grundlage für die Lösungsfindung. Ermutige zu kreativem Brainstorming, um gemeinsam Lösungen zu entwickeln. Setze keine Ideen im Vorhinein ab, sondern sammle eine Vielzahl von Vorschlägen, bevor du gemeinsam die besten Lösungen auswählst. Zeige Kompromissbereitschaft und suche nach Win-Win-Lösungen. Dies erfordert Flexibilität und den Willen, gemeinsame Vereinbarungen zu finden, die die Bedürfnisse aller Beteiligten berücksichtigen. Teile den Konflikt in kleinere, handhabbare Teile auf. Die Lösung kleinerer Probleme kann den Gesamtkonflikt leichter bewältigen und den Fortschritt erleichtern. Betone den Lerneffekt aus dem Konflikt. Sieh Konflikte als Gelegenheit zur persönlichen und zwischenmenschlichen Entwicklung, anstatt sie als ausschließlich negativ zu betrachten. Wenn die Emotionen hochkochen, gebe den Beteiligten Zeit für eine Abkühlungspause. Dies verhindert impulsive Reaktionen und ermöglicht einen rationaleren Umgang mit dem Konflikt. Holen Feedback von allen Beteiligten ein, um sicherzustellen, dass die Lösungen als fair und akzeptabel wahrgenommen werden. Dies trägt zur langfristigen Akzeptanz und Umsetzung bei. Arbeite proaktiv an der Konfliktprävention, indem du eine offene Kommunikationskultur förderst, klare Erwartungen setzt und Konflikte frühzeitig ansprichst, bevor sie eskalieren. Bei hartnäckigen Konflikten oder emotional aufgeladenen Situationen kann professionelle Hilfe, wie zum Beispiel von Mediatoren oder Therapeuten, in Erwägung gezogen werden.

Die Anwendung dieser Konfliktlösungstechniken erfordert Geduld, Empathie und die Bereitschaft zur Zusammenarbeit. Ein konstruktiver Umgang mit Konflikten stärkt nicht nur zwischenmenschliche Beziehungen, sondern fördert auch ein positives und produktives Arbeits- oder Lebensumfeld.

Nonverbale Kommunikation spielt eine entscheidende Rolle in der zwischenmenschlichen Interaktion. Sie umfasst alle Aspekte der Kommunikation, die nicht durch Worte ausgedrückt werden, wie Körpersprache, Mimik, Gestik, Augenkontakt und Tonfall.

Körpersprache umfasst die Haltung, Gestik, Gesichtsausdrücke und andere Bewegungen des Körpers. Offene und entspannte Körperhaltungen signalisieren Interesse und Offenheit, während verspannte oder geschlossene Haltungen auf Unbehagen oder Abwehr hinweisen können. Das Gesicht ist ein starkes Instrument der nonverbalen Kommunikation. Emotionen wie Freude, Überraschung, Trauer, Wut oder Angst werden oft durch Gesichtsausdrücke ausgedrückt. Ein aufmerksamer Blick kann auch Interesse oder Desinteresse signalisieren.

Gesten sind Handbewegungen oder andere Körperteile, die verwendet werden, um eine Botschaft zu verstärken oder zu unterstützen. Beispielsweise können Daumen nach oben eine positive Zustimmung signalisieren, während gekreuzte Arme auf Ablehnung oder Verteidigung hinweisen können. Augenkontakt ist ein wesentlicher Bestandteil der nonverbalen Kommunikation. Er kann Vertrauen, Selbstsicherheit und Interesse ausdrücken. Zu wenig oder zu viel Augenkontakt kann dagegen als Unsicherheit oder Desinteresse interpretiert werden. Der

Tonfall, die Betonung und die Stimmlage beeinflussen die Bedeutung von gesprochenen Worten. Ein freundlicher Tonfall kann Sympathie erwecken, während ein scharfer Tonfall Konflikte auslösen kann. Die Distanz zwischen Menschen (proxemische Kommunikation) kann viel über die Natur ihrer Beziehung oder Kommunikation aussagen. Ein enger Abstand kann Vertrautheit signalisieren, während ein größerer Abstand möglicherweise auf Distanzierung hinweisen kann. Berührung ist eine kraftvolle Form der nonverbalen Kommunikation. Sie kann Zuneigung, Unterstützung oder Trost ausdrücken. Gleichzeitig ist es wichtig, die persönlichen Grenzen anderer zu respektieren und angemessen mit Berührungen umzugehen. Die Kleidung und das äußere Erscheinungsbild können Informationen über den sozialen Status, die Persönlichkeit oder den beruflichen Hintergrund vermitteln. Sie beeinflussen auch, wie wir von anderen wahrgenommen werden. Die Art und Weise, wie Menschen mit Zeit umgehen, kann ebenfalls nonverbale Signale aussenden. Pünktlichkeit kann Respekt signalisieren, während Verspätungen oder Hast das Gegenteil ausdrücken können. Paraverbale Elemente, wie Tonfall, Sprechgeschwindigkeit, Lautstärke und Pausen, beeinflussen die Bedeutung von gesprochenen Worten. Sie können Betonungen setzen oder zusätzliche Nuancen zur verbalen Kommunikation hinzufügen.

Um nonverbale Kommunikation effektiv zu nutzen, ist es wichtig, auf beide Seiten der Kommunikation zu achten - sowohl auf die eigenen nonverbalen Signale als auch auf die Signale anderer. Eine bewusste Wahrnehmung und Anpassung der nonverbalen Kommunikation kann dazu beitragen, Missverständnisse zu minimieren, Beziehungen zu stärken und eine positive Kommunikationsumgebung zu schaffen.

Kapitel 4: Zeitmanagement und Zielsetzung

Effektives Zeitmanagement ist entscheidend, um produktiv zu arbeiten, Stress zu reduzieren und ein ausgewogenes Leben zu führen.

Identifiziere und priorisiere Aufgaben nach ihrer Dringlichkeit und Wichtigkeit. Konzentriere dich zuerst auf diejenigen, die sowohl wichtig als auch dringend sind, um deine Zeit effizient zu nutzen. Erstelle tägliche oder wöchentliche To-Do-Listen, um Aufgaben zu organisieren und im Blick zu behalten. Das Abhaken erledigter Aufgaben gibt ein Gefühl der Erfüllung und fördert die Motivation. Teile den Tag in Zeitblöcke ein und widme jedem Block bestimmten Aufgaben oder Projektbereichen. Dies hilft, die Konzentration zu steigern und Unterbrechungen zu minimieren. Erledige Aufgaben, die zwei Minuten oder weniger dauern, sofort. Dies verhindert, dass kleine Aufgaben sich ansammeln und später mehr Zeit in Anspruch nehmen. Bearbeite zuerst die schwierigste oder unangenehmste Aufgabe des Tages ("Eat That Frog"). Das gibt dir ein Gefühl der Erfolgserlebnisse und schafft positive Energie für den Rest des Tages. Arbeite in Intervallen von 25 Minuten (einem Pomodoro) und mache dann eine kurze Pause. Nach vier Pomodoros gönnst du dir eine längere Pause. Diese Technik hilft, die Konzentration aufrechtzuerhalten und Überlastung zu verhindern. Batching bedeutet, ähnliche Aufgaben zu gruppieren und in einem Block abzuarbeiten. Das reduziert den Kontextwechsel und erhöht die Effizienz. Setze feste Zeiten am Tag, um E-Mails zu überprüfen und zu beantworten, anstatt ständig auf jede eingehende Nachricht zu reagieren. Dies verhindert Ablenkungen und fördert die Fokussierung auf andere Aufgaben. Identifiziere Aufgaben, die delegiert werden können, und verteile sie an Teammitglieder oder Kollegen. Delegieren ermöglicht es dir, dich auf strategisch wichtigere Aufgaben zu konzentrieren. Multitasking kann die Produktivität beeinträchtigen und zu Fehlern führen. Konzentriere dich auf eine Aufgabe gleichzeitig, um effizienter zu arbeiten. Setze Tools wie Kalender, Aufgaben-Apps, Projektmanagement-Software und Erinnerungen ein, um Aufgaben zu organisieren und den Überblick zu behalten. Reflektiere regelmäßig über deine Zeitmanagement-Gewohnheiten. Passe deine Strategien an, wenn du Verbesserungsmöglichkeiten identifizierst.

Indem du diese Techniken des effektiven Zeitmanagements anwendest, kannst du nicht nur deine Produktivität steigern, sondern auch mehr Raum für persönliche Erholung und berufliche Entwicklung schaffen. Es ist wichtig, die Techniken zu wählen, die am besten zu deinem individuellen Arbeitsstil und deinen Zielen passen.

Die Kunst der Zielsetzung ist ein zentraler Bestandteil der persönlichen Entwicklung und des Erfolgs. Klare und inspirierende Ziele können dir nicht nur eine Richtung geben, sondern auch Motivation und Fokus für deine Bemühungen schaffen.

Formuliere deine Ziele nach dem SMART-Kriterium:

- **S**pezifisch: Formuliere klare und präzise Ziele. Statt allgemeiner Aussagen wie "Ich möchte gesünder sein", könnte ein spezifisches Ziel lauten: "Ich werde dreimal pro Woche für 30 Minuten joggen gehen und meine tägliche Wasseraufnahme auf 2 Liter erhöhen.

- **M**essbar: Mache deine Ziele messbar, um den Fortschritt zu überwachen. Statt eines unspezifischen Ziels wie "Gewicht verlieren", könnte ein messbares Ziel lauten: "Ich werde in den nächsten drei Monaten 5 kg abnehmen.

- **A**ttainable (erreichbar): Stelle sicher, dass deine Ziele erreichbar sind. Sie sollten anspruchsvoll sein, aber realistisch. Ein erreichbares Ziel könnte lauten: "Ich werde jeden Monat ein Buch lesen", anstelle von "Ich werde jeden Tag ein Buch lesen", was möglicherweise unrealistisch ist.

- **R**elevant (relevant): Prüfe, ob deine Ziele relevant und bedeutungsvoll für dich sind. Statt sich auf Ziele zu konzentrieren, die von anderen erwartet werden, setze dir Ziele, die deinen eigenen Werten und langfristigen Plänen entsprechen.

- **T**ime-bound (zeitlich begrenzt): Setze klare Fristen für die Erreichung deiner Ziele. Zeitliche Begrenzungen schaffen einen Rahmen und fördern die Motivation. Ein zeitgebundenes Ziel könnte lauten: "Ich werde bis Ende des Monats fünf Blogbeiträge veröffentlichen."

Das SMART-Prinzip ist eine bewährte Methode, um klare und effektive Ziele zu setzen. SMART steht für spezifisch (S), messbar (M), erreichbar (A), relevant (R) und zeitgebunden (T).

Definiere sowohl langfristige als auch kurzfristige Ziele. Langfristige Ziele geben dir eine übergeordnete Vision, während kurzfristige Ziele als Meilensteine auf dem Weg dorthin dienen. Visualisiere deine Ziele lebhaft. Stelle dir vor, wie du deine Ziele erreichst, und nutze positive Visualisierung, um Motivation zu schaffen. Formuliere deine Ziele positiv. Formuliere, was du erreichen möchtest, anstatt dich auf das zu konzentrieren, was du vermeiden möchtest. Positiv formulierte Ziele sind motivierender. Setze Zwischenziele, um den Weg zu größeren Zielen zu strukturieren. Diese kleinen Erfolge helfen, die Motivation aufrechtzuerhalten. Setze Ziele, die herausfordernd, aber erreichbar sind. Der richtige Grad an Herausforderung fördert persönliches Wachstum und Engagement. Identifiziere und setze Prioritäten für deine Ziele. Fokussiere dich auf diejenigen, die den größten Einfluss auf deine langfristigen Ziele haben. Entwickle klare Strategien und Pläne, um deine Ziele zu erreichen. Breche komplexe Ziele in kleinere, handhabbare Schritte auf. Reflektiere regelmäßig deine Fortschritte und passe deine Ziele bei Bedarf an. Flexibilität ist entscheidend für eine effektive Zielsetzung. Identifiziere die Gründe, warum deine Ziele wichtig sind, und erinnere dich regelmäßig daran. Dies hilft, die Motivation aufrechtzuerhalten. Gestalte deine Umgebung so, dass sie deine Ziele unterstützt. Entferne Ablenkungen und schaffe einen Raum, der Produktivität fördert. Belohne dich selbst bei Erreichen von Meilensteinen. Feiere Erfolge, um die Motivation zu stärken. Die Kunst der Zielsetzung erfordert nicht nur die

Fähigkeit, klare und inspirierende Ziele zu formulieren, sondern auch die Disziplin und den Fokus, um diese Ziele zu verfolgen. Durch die bewusste Anwendung dieser Prinzipien kannst du effektiver auf deine persönlichen und beruflichen Ziele hinarbeiten.

Kapitel 5: Resilienz und Selbstfürsorge

Resilienz ist die Fähigkeit, sich nach Herausforderungen, Rückschlägen oder Stresssituationen zu erholen und gestärkt daraus hervorzugehen.

Akzeptiere Veränderungen als natürlichen Bestandteil des Lebens. Sei flexibel und passe deine Einstellung an neue Gegebenheiten an. Kultiviere eine positive Denkweise. Achte auf deine inneren Dialoge und ersetze negative Gedanken durch konstruktive und optimistische Überlegungen. Baue starke soziale Netzwerke auf. Teile deine Gefühle und Erfahrungen mit Freunden, Familie oder Kollegen. Soziale Unterstützung spielt eine entscheidende Rolle bei der Bewältigung von Stress. Priorisiere deine physische und mentale Gesundheit. Pflege regelmäßig Selbstfürsorgemaßnahmen wie ausreichend Schlaf, gesunde Ernährung, Bewegung und Entspannungstechniken. Fokussiere dich auf Lösungen anstatt auf Probleme. Identifiziere Handlungsschritte, die du unternehmen kannst, um schwierige Situationen zu bewältigen. Setze realistische und erreichbare Ziele. Das Erreichen von kleinen Meilensteinen kann das Selbstvertrauen stärken und die Resilienz fördern. Entwickle Fähigkeiten zur Selbstregulation, um mit Stress umzugehen. Atemtechniken, Meditation oder Achtsamkeitsübungen können dabei helfen, Emotionen zu kontrollieren. Betrachte Herausforderungen als Chancen für Wachstum und Entwicklung. Ein Perspektivenwechsel kann dazu beitragen, schwierige Situationen in einem neuen Licht zu sehen. Betrachte Misserfolge oder Rückschläge als Lernmöglichkeiten. Reflektiere über Erfahrungen und nutze sie als Grundlage für persönliches Wachstum. Glaube an deine Fähigkeiten und deine Fähigkeit, Herausforderungen zu bewältigen. Stärke dein Selbstvertrauen durch positive Erfahrungen und Erfolge. Schaffe stabile Routinen, die Struktur und Vorhersehbarkeit bieten. Routinen können dabei helfen, in stressigen Zeiten Stabilität zu bewahren. Kultiviere eine gelassene Einstellung gegenüber Dingen, die außerhalb deiner Kontrolle liegen. Fokussiere dich auf das, was du beeinflussen kannst. Finde humorvolle Seiten in schwierigen Situationen. Humor kann eine effektive Möglichkeit sein, Stress abzubauen und Perspektiven zu lockern. Akzeptiere, dass Fehler menschlich sind. Nutze sie als Gelegenheiten zur Reflexion und Verbesserung. Suche bei Bedarf professionelle Hilfe, sei es in Form von Therapie, Coaching oder Beratung. Professionelle Unterstützung kann wertvolle Werkzeuge und Perspektiven bieten. Die Stärkung der Resilienz erfordert kontinuierliche Anstrengungen und Achtsamkeit. Indem du diese

Strategien in deinem Leben implementierst, kannst du deine Fähigkeit zur Bewältigung von Herausforderungen stärken und besser auf Stresssituationen reagieren.

Die Selbstfürsorge ist von entscheidender Bedeutung für das körperliche, emotionale und mentale Wohlbefinden. Es bezeichnet das bewusste Bestreben, für sich selbst zu sorgen und für die eigenen Bedürfnisse und Gesundheit zu sorgen. Selbstfürsorge beinhaltet die Pflege des eigenen Körpers durch ausgewogene Ernährung, ausreichend Bewegung, ausreichend Schlaf und regelmäßige medizinische Untersuchungen. Durch diese Maßnahmen wird die körperliche Gesundheit gefördert und das Risiko von Krankheiten reduziert. Emotionale Selbstfürsorge bezieht sich darauf, sich um die eigenen emotionalen Bedürfnisse zu kümmern. Das kann die bewusste Verarbeitung von Emotionen, das Setzen von Grenzen in Beziehungen und die Suche nach Unterstützung in Zeiten von Stress oder Traurigkeit beinhalten. Selbstfürsorge spielt eine entscheidende Rolle bei der Erhaltung der mentalen Gesundheit. Das schließt Strategien wie Meditation, Achtsamkeit, das Setzen realistischer Ziele und die Pflege positiver Gedanken mit ein. Selbstfürsorge ist ein wirksames Mittel zur Stressbewältigung. Indem man regelmäßig Pausen einplant, Aktivitäten genießt, die Freude bereiten, und sich Zeit für Erholung nimmt, kann man die Auswirkungen von Stress reduzieren. Selbstfürsorge beinhaltet auch das Setzen von gesunden Grenzen in zwischenmenschlichen Beziehungen. Es ermutigt dazu, Beziehungen zu wählen, die unterstützend sind, und sich von solchen zu distanzieren, die negative Auswirkungen haben. Die Akzeptanz eigener Schwächen und Fehler sowie die Kultivierung von Selbstmitgefühl sind wichtige Elemente der Selbstfürsorge. Es geht darum, sich selbst zu lieben und zu schätzen, unabhängig von äußeren Erwartungen oder Urteilen. Selbstfürsorge bedeutet auch, sich selbst Freude zu gönnen und das Leben zu genießen. Das kann Aktivitäten beinhalten, die Spaß machen, Hobbys pflegen, Zeit in der Natur verbringen oder sich einfach mal etwas Gutes tun. Die Fähigkeit zur Selbstreflexion ist ein wesentlicher Bestandteil der Selbstfürsorge. Durch regelmäßige Selbstreflexion kann man Bedürfnisse, Werte und Prioritäten besser verstehen und danach handeln. Selbstfürsorge beinhaltet auch die Übernahme von Verantwortung für das eigene Wohlbefinden. Das bedeutet, bewusste Entscheidungen zu treffen, die im Einklang mit den eigenen Bedürfnissen und Zielen stehen. Selbstfürsorge trägt zur Stärkung der persönlichen Resilienz bei. Indem man für sich selbst sorgt, entwickelt man die Fähigkeit, besser mit Herausforderungen umzugehen und gestärkt aus schwierigen Zeiten hervorzugehen.

Insgesamt ist Selbstfürsorge ein essentieller Bestandteil eines gesunden und erfüllten Lebens. Es ermöglicht, die eigenen Ressourcen zu stärken, die Lebensqualität zu verbessern und langfristig für das eigene Wohlbefinden zu sorgen. Es ist wichtig zu betonen, dass Selbstfürsorge individuell ist und jeder seine eigenen Wege finden sollte, für sich selbst zu sorgen.

Achtsamkeit und Stressmanagement im Alltag sind effektive Ansätze, um mit den Herausforderungen des modernen Lebens umzugehen.

Dediziert Zeit für Achtsamkeitsmeditation einzuplanen, kann dabei helfen, den Geist zu beruhigen und den Fokus zu schärfen. Dies könnte so einfach sein wie fünf Minuten tägliches Sitzen in Stille, während du dich auf deine Atmung konzentrierst. Kurze Atemübungen können jederzeit und überall durchgeführt werden. Ein einfacher Atemzyklus besteht aus tiefem Einatmen, kurzer Pause und langsamem Ausatmen. Dies kann Stress reduzieren und die Entspannung fördern. Nimm dir Zeit, um bewusst zu essen. Achte auf den Geschmack, die Textur und den Geruch deiner Nahrung. Dies fördert nicht nur die Verdauung, sondern ermöglicht auch, den Moment zu genießen. Während du gehst, sei im Moment präsent. Spüre den

Boden unter deinen Füßen, achte auf deine Atmung und nimm deine Umgebung bewusst wahr. Diese einfache Praxis kann den Geist beruhigen und Stress reduzieren. Plane regelmäßige Pausen von digitalen Geräten ein. Reduziere die Bildschirmzeit und nutze die Zeit, um dich zu entspannen, in der Natur zu sein oder andere beruhigende Aktivitäten zu unternehmen. Strukturiere deine Aufgaben mithilfe von To-Do-Listen. Setze klare Prioritäten und konzentriere dich auf eine Aufgabe nach der anderen, um Überlastung und Stress zu vermeiden. Nutze deine Mittagspause bewusst. Vermeide es, am Schreibtisch zu essen, und nimm dir Zeit für eine kurze Wanderung, Entspannungsübungen oder einfach nur, um frische Luft zu schnappen. Lerne, klare Grenzen zu setzen. Sowohl in beruflichen als auch persönlichen Beziehungen ist es wichtig zu wissen, wann man "Nein" sagen muss, um Überforderung zu vermeiden. Yoga oder Tai Chi sind körperliche Aktivitäten, die Achtsamkeit fördern und gleichzeitig physische Entspannung bieten. Die Kombination von Bewegung und Atmung kann Stress abbauen. Nimm dir regelmäßig Zeit für Selbstreflexion. Frage dich, wie es dir geht, welche Aspekte deines Lebens Stress verursachen könnten, und überlege, wie du darauf reagieren kannst. Bevor du auf eine stressige Situation reagierst, nimm dir einen Moment, um tief durchzuatmen und die Situation zu überdenken. Dies verhindert impulsive

Reaktionen. Sei achtsam in der Art und Weise, wie du kommunizierst. Höre aktiv zu und wähle deine Worte bewusst. Dies kann zu klarerer Kommunikation und weniger Konflikten führen. Kurze, gezielte Nickerchen können dazu beitragen, den Geist aufzuladen und die Stressbelastung zu reduzieren. Achte darauf, Nickerchen auf etwa 20 Minuten zu begrenzen, um den Schlafzyklus nicht zu stören. Nimm dir Zeit für Hobbys und kreative Aktivitäten, die dir Freude bereiten. Das kann ein Ausgleich zum Alltagsstress bieten und das emotionale Wohlbefinden fördern.

Die Integration von Achtsamkeit und Stressmanagement in den Alltag erfordert kontinuierliche Praxis. Indem diese Techniken regelmäßig angewendet werden, können sie zu einem verbesserten Wohlbefinden und einer nachhaltigen Stressbewältigung führen.

Kapitel 6: Die Kraft der Gewohnheiten

Die Etablierung positiver Gewohnheiten ist entscheidend für langfristigen Erfolg, Wohlbefinden und persönliche Entwicklung.
Definiere klare, spezifische und erreichbare Ziele. Verstehe, warum diese Ziele wichtig sind und welchen Nutzen sie für dein Leben haben. Beginne mit kleinen, machbaren Schritten. Eine schrittweise Annäherung erleichtert den Übergang zu neuen Gewohnheiten und minimiert Überforderung. Integriere positive Gewohnheiten in bestehende Routinen. Verbinde sie mit bereits etablierten Aktivitäten, um die Wahrscheinlichkeit zu erhöhen, dass sie Teil deines täglichen Lebens werden. Verknüpfe die neue Gewohnheit mit bestehenden Triggern. Wenn du beispielsweise nach dem Zähneputzen Sport treibst, wird dies zu einem festen Bestandteil deiner Routine. Bestimme feste Zeitpunkte für deine Gewohnheiten. Ob es morgens, mittags oder abends ist, Klarheit über den Zeitpunkt hilft bei der Integration in den Tagesablauf. Belohne dich selbst bei der Umsetzung positiver Gewohnheiten. Diese Belohnungen können motivieren und das positive Verhalten verstärken. Stelle dir vor, wie du die positive Gewohnheit erfolgreich ausführst. Visualisierung kann die Motivation steigern und das Durchhaltevermögen fördern. Umgebe

dich mit positiven Einflüssen. Teile deine Ziele mit Freunden oder Familienmitgliedern, die dich unterstützen und ermutigen. Gewöhnung braucht Zeit. Sei geduldig und erkenne an, dass es normal ist, dass die Etablierung neuer Gewohnheiten Zeit in Anspruch nimmt. Reflektiere regelmäßig über deine Fortschritte. Analysiere, was funktioniert hat, und passe deine Strategien an, wenn nötig. Achte auf Auslöser, die dich dazu verleiten könnten, von deiner positiven Gewohnheit abzuweichen. Entwickle Strategien, um diesen Auslösern zu begegnen. Führe ein Tagebuch über deine Erfahrungen bei der Etablierung neuer Gewohnheiten. Notiere Fortschritte, Herausforderungen und Lösungen. Suche Unterstützung in Form von Freunden, Familienmitgliedern oder Gruppen, die ähnliche Ziele verfolgen. Gemeinschaft kann motivationale Unterstützung bieten. Setze deine positiven Gewohnheiten auf deine Prioritätenliste. Wenn du sie als wichtig betrachtest, wirst du eher die Zeit und Energie dafür aufbringen. Rückschläge sind normal. Akzeptiere sie als Teil des Prozesses und sieh sie als Gelegenheit zur Anpassung deiner Strategien.

Die Schlüsselkomponenten für den Erfolg bei der Etablierung positiver Gewohnheiten sind Klarheit, Konsistenz und die Fähigkeit, sich an Veränderungen anzupassen. Indem du diese Prinzipien anwendest und die

Techniken kontinuierlich anpasst, kannst du positive Veränderungen in deinem Leben bewirken.

Die Umstellung von schädlichen Gewohnheiten auf förderliche erfordert bewusste Anstrengungen und eine schrittweise Vorgehensweise.
Identifiziere und erkenne zunächst die schädlichen Gewohnheiten, die du ändern möchtest. Verstehe die Gründe, warum diese Gewohnheiten schädlich sind, und sei dir ihrer Auswirkungen auf deine Gesundheit und Lebensqualität bewusst. Definiere klare und erreichbare Ziele für die Veränderung. Stelle sicher, dass deine Ziele spezifisch, messbar, erreichbar, relevant und zeitgebunden (SMART) sind. Analysiere die Auslöser oder Situationen, die dich dazu verleiten, die schädlichen Gewohnheiten auszuführen. Dieses Verständnis ist entscheidend, um alternative Strategien zu entwickeln. Identifiziere gesündere Alternativen zu den schädlichen Gewohnheiten. Diese Alternativen sollten ähnliche Bedürfnisse oder Stressbewältigungsmechanismen ansprechen, jedoch positive Auswirkungen haben. Integriere positive Auslöser in deine Umgebung, um die förderlichen Gewohnheiten zu fördern. Dies könnte das Platzieren von gesunden Snacks in Sichtweite oder das Einrichten einer täglichen Erinnerung für positive Gewohnheiten sein. Stelle schrittweise Veränderungen vor. Anstatt alles auf einmal zu

ändern, fokussiere dich auf kleine, nachhaltige Anpassungen. Dies erleichtert die Anpassung und das Durchhalten. Teile deine Ziele mit Freunden, Familie oder einer Unterstützungsgruppe. Die Unterstützung von anderen kann dir helfen, Verantwortung zu übernehmen und durch schwierige Zeiten zu gehen. Stelle dir lebhaft vor, wie du erfolgreich die förderlichen Gewohnheiten umsetzt. Visualisierung kann als motivierendes Werkzeug dienen. Belohne dich für Fortschritte und Erfolge. Positive Verstärkung trägt dazu bei, die neuen förderlichen Gewohnheiten zu festigen. Entwickle gesunde Bewältigungsstrategien für Stress oder emotionale Belastungen. Dies könnte das Erlernen von Atemtechniken, Meditation oder das Erstellen eines Unterstützungsnetzwerks umfassen. Passe deine Umgebung an, um förderliche Gewohnheiten zu erleichtern. Entferne beispielsweise schädliche Lebensmittel aus deinem Zuhause, wenn du deine Ernährung ändern möchtest. Reflektiere regelmäßig über deine Fortschritte und erkenne, was funktioniert hat und was nicht. Passe deine Strategien entsprechend an. Sei geduldig mit dir selbst. Veränderungen benötigen Zeit, und Rückschläge sind normal. Lerne aus ihnen und setze deinen Weg fort. Wenn nötig, suche professionelle Unterstützung wie Therapie oder Coaching. Ein Fachmann kann dir spezifische Werkzeuge und Unterstützung bieten.

Die Umstellung von schädlichen auf förderliche Gewohnheiten ist ein fortlaufender Prozess, der Engagement und Selbstreflexion erfordert. Indem du dich auf positive Veränderungen konzentrierst und konsequent an deinen Zielen arbeitest, kannst du langfristig gesündere Lebensgewohnheiten entwickeln.

Routinen spielen eine wesentliche Rolle in der Persönlichkeitsentwicklung. Sie bieten Struktur, fördern Disziplin und können dazu beitragen, positive Gewohnheiten zu etablieren.

Routinen bieten eine klare Struktur für den Tag. Sie helfen dabei, Zeit sinnvoll zu organisieren und ermöglichen es, Aufgaben effizienter zu bewältigen. Eine gut strukturierte Routine kann das Gefühl von Kontrolle und Organisation fördern. Durch regelmäßige Wiederholung von Aktivitäten in einer Routine wird die Grundlage für die Bildung von Gewohnheiten gelegt. Positive Gewohnheiten, wie zum Beispiel regelmäßige Bewegung oder gesunde Ernährung, können in den täglichen Ablauf integriert werden. Routinen können dazu beitragen, Stress zu reduzieren, da sie Vorhersehbarkeit schaffen. Wenn bestimmte Aktivitäten zu festen Zeiten stattfinden, gibt es weniger Unsicherheit und weniger Raum für Stress. Die Einhaltung von Routinen erfordert Selbstdisziplin, was wiederum zu einer gesteigerten Motivation führen kann. Der Aufbau von

Selbstdisziplin ist ein wichtiger Aspekt der Persönlichkeitsentwicklung. Routinen fördern Fokus und Produktivität, indem sie helfen, Ablenkungen zu minimieren. Indem du bestimmte Zeiten für bestimmte Aufgaben reservierst, kannst du dich besser auf die anstehenden Aufgaben konzentrieren. Der regelmäßige Ablauf in Routinen unterstützt die Entwicklung von effektiven Zeitmanagement-Fähigkeiten. Dies ermöglicht es, Prioritäten zu setzen und die Zeit effizient zu nutzen. Gesunde Gewohnheiten, wie regelmäßige Bewegung, ausreichend Schlaf und gesunde Ernährung, können leichter in den Alltag integriert werden, wenn sie Teil einer Routine sind. Diese Gewohnheiten sind entscheidend für die Förderung der körperlichen und geistigen Gesundheit. Routinen können auch Zeit für Selbstreflexion und Selbstverbesserung schaffen. Durch das Einbauen von Zeit für persönliche Entwicklung, zum Lesen, Lernen oder Meditieren, wird Raum geschaffen, um an sich selbst zu arbeiten. Routinen können ein Gefühl der Stabilität und Sicherheit bieten. Dies kann dazu beitragen, emotionales Wohlbefinden zu fördern, insbesondere in Zeiten von Unsicherheit oder Veränderung. Routinen können als Werkzeug dienen, um sich auf langfristige Ziele zu konzentrieren. Indem du bestimmte Aktivitäten fest in deinen Tagesablauf einbindest, setzt du klare Schritte zur Erreichung deiner Ziele. Routinen können auch die Pflege sozialer Verbindungen fördern. Durch regelmäßige Aktivitäten mit Freunden oder der Familie wird Zeit für Beziehungen geschaffen. Die Einhaltung von Routinen erfordert oft Widerstandsfähigkeit, insbesondere wenn es darum geht, Versuchungen oder Ablenkungen zu widerstehen. Diese Widerstandsfähigkeit kann ein wichtiger Aspekt der persönlichen Entwicklung sein. Insgesamt unterstützen Routinen die Persönlichkeitsentwicklung, indem sie Struktur und Stabilität bieten, positive Gewohnheiten fördern und die Entwicklung verschiedener Fähigkeiten erleichtern. Es ist wichtig, dass Routinen flexibel genug sind, um Veränderungen im Leben anzupassen, aber gleichzeitig eine Grundlage für persönliches Wachstum bieten.

Kapitel 7: Beziehungen und soziale Intelligenz

Der Aufbau und die Pflege gesunder Beziehungen sind entscheidend für das emotionale Wohlbefinden und die persönliche Entwicklung.

Offene und respektvolle Kommunikation ist das Fundament gesunder Beziehungen. Aktives Zuhören, das Ausdrücken von Bedürfnissen und Gefühlen sowie das Vermeiden von defensivem Verhalten tragen dazu bei, Missverständnisse zu reduzieren. Vertrauen ist essentiell für jede Beziehung. Um Vertrauen aufzubauen, ist es wichtig, ehrlich zu sein, Versprechen zu halten und auf Verlässlichkeit zu achten. Respektiere die Individualität und die Meinungen des anderen. Konflikte sollten auf eine respektvolle Weise gelöst werden, ohne den anderen herabzusetzen oder zu verletzen. Gemeinsame Werte und Ziele schaffen eine gemeinsame Grundlage für Beziehungen. Es ist wichtig zu überprüfen, ob grundlegende Überzeugungen und Lebensziele im Einklang stehen. Die Fähigkeit, sich in die Lage des anderen zu versetzen, fördert Verständnis und Mitgefühl. Zeige Interesse an den Gefühlen und Perspektiven des anderen. Konflikte sind unvermeidlich, aber es ist wichtig, sie konstruktiv zu bewältigen. Das bedeutet, ruhig zu bleiben, auf den anderen einzugehen und gemeinsam nach Lösungen zu suchen. Beziehungen sollten auf Gleichberechtigung basieren. Jeder Partner sollte die Freiheit haben, Entscheidungen zu treffen und seine Bedürfnisse auszudrücken, ohne dass eine Seite dominiert. Gemeinsame Aktivitäten und Interessen können die Verbindung stärken und positive Erlebnisse teilen. Dies fördert eine tiefere Bindung. In einer hektischen Welt ist es wichtig, bewusst Zeit für den Partner zu reservieren. Ob es sich um gemeinsame Abende, Spaziergänge oder Wochenendtrips handelt, das Miteinander verbrachte Zeit stärkt die Beziehung. Auch in einer Beziehung ist es wichtig, Raum für individuelle Entwicklung und Interessen zu lassen. Respektiere die Privatsphäre und Unabhängigkeit des anderen. Zeige Wertschätzung für die positiven Qualitäten des anderen. Kleine Gesten der Dankbarkeit können dazu beitragen, das Wohlbefinden in der Beziehung zu steigern. Das Leben verändert sich ständig, und Beziehungen müssen sich ebenfalls anpassen. Sei flexibel und bereit, gemeinsam durch Höhen und Tiefen zu gehen. Jeder Mensch ist einzigartig. Akzeptiere und schätze die Unterschiede im Denken, Fühlen und Handeln des anderen. Beziehungen erfordern gemeinsame Anstrengungen. Partnerschaft bedeutet, gemeinsam Höhen und Tiefen zu meistern und Verantwortung für das Wohlbefinden der Beziehung zu übernehmen. Gesunde Beziehungen erfordern kontinuierliche Pflege. Investiere Zeit und Energie, um die Bindung zu stärken und die Beziehung lebendig zu halten. Indem diese Aspekte in Betracht gezogen werden, können Beziehungen auf einer soliden Basis aufgebaut und gepflegt werden. Es ist wichtig zu betonen, dass jede Beziehung einzigartig ist, und es erfordert ständige Aufmerksamkeit und Anpassung, um sie gesund und erfüllend zu gestalten.

Emotionale Intelligenz (EI) ist die Fähigkeit, die eigenen Emotionen zu erkennen, zu verstehen und zu regulieren, sowie die Emotionen anderer zu erkennen, empathisch darauf zu reagieren und effektiv mit ihnen zu kommunizieren. Die Entwicklung emotionaler Intelligenz ist entscheidend für persönliches Wachstum, erfolgreiche zwischenmenschliche Beziehungen und beruflichen Erfolg. Reflektiere über deine eigenen Emotionen und erkenne, wie sie sich auf deine Gedanken und Handlungen auswirken. Sei ehrlich zu dir selbst über deine Stärken und Schwächen. Lerne, deine Emotionen zu kontrollieren und konstruktiv mit ihnen umzugehen. Dies beinhaltet Techniken wie Atemübungen, Meditation oder das Zählen bis zehn, um in emotional aufgeladenen Situationen ruhig zu bleiben. Setze realistische Ziele und arbeite darauf hin. Finde intrinsische Motivation, die von inneren Werten und Leidenschaften getrieben wird. Strebe danach, die

Perspektiven und Gefühle anderer zu verstehen. Achte auf nonverbale Signale und höre aktiv zu. Zeige Mitgefühl und sei bereit, dich in die Lage anderer zu versetzen. Entwickle effektive Kommunikationsfähigkeiten. Lerne, Konflikte konstruktiv zu bewältigen und positive Beziehungen aufzubauen. Fördere Teamarbeit und Zusammenarbeit. Sei im gegenwärtigen Moment präsent. Achtsamkeitspraktiken wie Meditation oder bewusstes Atmen können helfen, den Geist zu beruhigen und die Wahrnehmung zu schärfen. Lerne, deine Emotionen klar und respektvoll auszudrücken. Vermeide passive Aggressivität und sei offen für konstruktives Feedback. Erlaube dir selbst, Fehler zu machen, und sieh sie als Gelegenheit zur persönlichen Weiterentwicklung. Statt dich selbst zu verurteilen, betrachte Fehler als Lernmöglichkeiten. Investiere Zeit in zwischenmenschliche Beziehungen. Baue unterstützende Netzwerke auf und pflege bestehende Beziehungen. Entwickle gesunde Stressbewältigungsmechanismen. Identifiziere Auslöser für Stress und suche nach gesunden Wegen, damit umzugehen, sei es durch Sport, Hobbys oder Entspannungstechniken. Lerne, konstruktive Kritik anzunehmen, ohne defensiv zu reagieren. Sieh sie als Möglichkeit zur Verbesserung. Achte darauf, klare Grenzen zu setzen, um deine eigene emotionale Gesundheit zu schützen. Dies kann auch bedeuten, "Nein" zu sagen, wenn es notwendig ist. Sei freundlich zu dir selbst und kultiviere Selbstmitgefühl. Behandle dich selbst so, wie du einen Freund behandeln würdest, wenn er Schwierigkeiten hat. Setze dich aktiv mit dem Thema emotionale Intelligenz auseinander. Lies Bücher, nimm an Workshops teil oder nutze Ressourcen, um deine Fähigkeiten weiter zu entwickeln. Die Entwicklung emotionaler Intelligenz erfordert Zeit und kontinuierliche Anstrengung. Sei geduldig und bleib konsequent in deinen Bemühungen. Durch die kontinuierliche Arbeit an diesen Aspekten kannst du deine emotionale Intelligenz stärken und positive Veränderungen in verschiedenen Bereichen deines Lebens erleben.

Die Kommunikation in sozialen Netzwerken spielt eine bedeutende Rolle in unserer heutigen vernetzten Welt. Zeige Respekt gegenüber anderen Nutzern, auch wenn du anderer Meinung bist. Vermeide beleidigende oder respektlose Sprache und sei höflich in deinen Interaktionen. Sei klar und präzise in deinen Botschaften. Vermeide Mehrdeutigkeiten und sorge dafür, dass deine Absichten klar verständlich sind. Übernimm Verantwortung für deine Worte und Handlungen. Bedenke, dass das, was du in sozialen Netzwerken teilst, Auswirkungen auf andere haben kann. Überprüfe deine Beiträge, bevor du sie veröffentlichst. Vermeide Tippfehler und achte darauf, dass deine Botschaft angemessen ist. Höre aktiv auf die

Beiträge anderer Nutzer. Beteilige dich an Gesprächen, indem du auf Kommentare eingehst und Fragen stellst. Sei vorsichtig bei der Auswahl von Medien wie Bildern und Videos. Verwende Medien verantwortungsbewusst und respektiere die Privatsphäre anderer. Beteilige dich an konstruktiven Dialogen. Fördere respektvolle Diskussionen und vermeide persönliche Angriffe. Respektiere die Privatsphäre anderer. Teile persönliche Informationen verantwortungsbewusst und sei vorsichtig beim Veröffentlichen sensibler Daten. Wenn du Kritik äußern möchtest, tue dies höflich und konstruktiv. Vermeide negative oder destruktive Kommentare. Teile keine Gerüchte oder falschen Informationen. Verifiziere Informationen, bevor du sie teilst, um zur Verbreitung von Falschinformationen beizutragen. Wähle deine Themen sorgfältig aus. Respektiere die Vielfalt der Ansichten und vermeide kontroverse Themen, wenn sie nicht angemessen sind. Mache regelmäßige Pausen von sozialen Netzwerken, um eine Überlastung und mögliche negative Auswirkungen auf die psychische Gesundheit zu vermeiden. Achte darauf, dass deine Beiträge für die Zielgruppe deines sozialen Netzwerks relevant sind. Passe deinen Ton und deine Inhalte entsprechend an. Fördere eine positive Online-Community, indem du inspirierende oder unterstützende Inhalte teilst. Positivität kann sich auf die Stimmung der gesamten Community auswirken. Achte darauf, die Nutzungsbedingungen und Regeln der jeweiligen Plattform zu respektieren. Verstöße gegen diese Regeln können zu Konsequenzen führen.

Die Art und Weise, wie wir in sozialen Netzwerken kommunizieren, hat Auswirkungen auf unser persönliches Image und die Online-Community als Ganzes. Indem du diese Richtlinien befolgst, kannst du dazu beitragen, eine positive und respektvolle Online-Umgebung zu schaffen.

Kapitel 8: Kreativität und persönliche Entfaltung

Das Entfesseln des kreativen Geistes erfordert Offenheit, Neugier, Experimentierfreude und die Bereitschaft, den gewohnten Denkrahmen zu verlassen.
Bleibe neugierig und offen für neue Erfahrungen. Stelle Fragen und sei bereit, Dinge aus verschiedenen Blickwinkeln zu betrachten. Verändere deine täglichen Routinen und versuche, neue Wege zu gehen. Neue Erfahrungen können den Geist anregen und kreative Energien freisetzen. Schaffe einen Raum, der deine Kreativität fördert. Dies kann ein physischer Raum oder einfach eine bestimmte Zeit des Tages sein, in der du dich auf deine kreativen Projekte konzentrierst. Betrachte Fehler nicht als Hindernisse, sondern als Gelegenheiten zum Lernen. Kreativität blüht oft in einem Umfeld, das Fehler als Teil des Prozesses akzeptiert. Betrachte Probleme oder Ideen aus verschiedenen Blickwinkeln. Spiele mit unterschiedlichen Perspektiven, um neue Lösungen und Ansätze zu entdecken. Kombiniere Ideen aus verschiedenen Disziplinen oder Bereichen. Oft entstehen die kreativsten Konzepte, wenn verschiedene Welten miteinander verschmelzen. Experimentiere mit verschiedenen kreativen Techniken, wie Mind Mapping,

Brainstorming oder die 6-3-5-Methode, um neue Ideen zu generieren.

Lass dich von verschiedenen Quellen inspirieren. Lies Bücher, schaue Filme, besuche Museen oder tausche dich mit kreativen Menschen aus, um neue Impulse zu erhalten. Setze dich ohne spezifisches Ziel hin und lasse deine Gedanken frei fließen. Schreibe oder zeichne, ohne dich um Perfektion zu kümmern. Dies kann den kreativen Fluss fördern. Schaffe Rituale, die deine Kreativität ankurbeln. Dies könnte eine bestimmte Tasse Kaffee am Morgen, ein Spaziergang vor dem Arbeiten oder das Hören inspirierender Musik sein. Arbeite mit anderen kreativen Menschen zusammen. Der Austausch von Ideen kann zu neuen Perspektiven und inspirierenden Konzepten führen. Schaffe Zeit für Stille und Reflexion. Manchmal entstehen die besten Ideen, wenn der Geist Raum zum Nachdenken hat. Akzeptiere, dass es Phasen geben wird, in denen die Kreativität stagniert. Nutze diese Zeiten, um dich zu erholen und neue Energie zu tanken. Sei bereit, Risiken einzugehen und Dinge auszuprobieren, auch wenn sie unkonventionell erscheinen. Oft entstehen die innovativsten Ideen aus Experimenten. Sei freundlich zu dir selbst. Kreativität ist ein Prozess, und nicht jede Idee muss perfekt sein. Akzeptiere, dass es Teil des kreativen Weges ist, auch mal auf Hindernisse zu stoßen.

Indem du diese Tipps in deinen Alltag integrierst, kannst du deinen kreativen Geist entfesseln und neue Horizonte der Vorstellungskraft und Innovation erkunden.

Die Erkennung persönlicher Leidenschaften und Talente ist ein wichtiger Schritt auf dem Weg zur persönlichen Entwicklung und beruflichen Zufriedenheit.

Nimm dir Zeit für Selbstreflexion. Frage dich, was dich wirklich glücklich macht und erfüllt. Betrachte dabei sowohl deine persönlichen Interessen als auch die Aktivitäten, bei denen du dich besonders wohl fühlst. Achte auf deine Hobbys und Freizeitaktivitäten. Oft finden sich Leidenschaften in den Aktivitäten, die du in deiner Freizeit gerne machst, ohne dass es eine äußere Belohnung gibt. Identifiziere deine Stärken und Fähigkeiten. Überlege, bei welchen Aufgaben du dich besonders sicher und kompetent fühlst. Deine Talente könnten in Bereichen liegen, in denen du natürliche Fähigkeiten besitzt. Sprich mit Freunden, Familie oder Kollegen und frage sie nach ihrer Einschätzung zu deinen Stärken und Leidenschaften. Oft sehen andere Dinge an uns, die uns selbst nicht bewusst sind. Schau auf deine bisherigen beruflichen Erfahrungen zurück. Welche Aufgaben haben dir besonders Spaß gemacht? Was hat dich motiviert? Diese Aspekte könnten Hinweise auf deine Leidenschaften sein. Erinnere dich an deine Kindheitsträume und -aktivitäten.

Oft sind unsere frühesten Interessen und Träume Hinweise auf unsere grundlegenden Leidenschaften. Denke über deine langfristigen Lebensziele nach. Welche Dinge möchtest du in deinem Leben erreichen? Die Verfolgung dieser Ziele könnte dir helfen, deine Leidenschaften zu entdecken. Probiere neue Dinge aus. Manchmal entdecken wir unsere Leidenschaften, indem wir uns auf neue Erfahrungen einlassen und Dinge ausprobieren, die wir noch nie zuvor gemacht haben. Lies Bücher und Ressourcen über verschiedene Themen und Bereiche. Oft können uns Informationen und Wissen dabei helfen, unsere Interessen zu vertiefen und neue Leidenschaften zu entdecken. Konsultiere einen Berufsberater. Professionelle Beratung kann dazu beitragen, deine Talente und Leidenschaften zu identifizieren und wie du sie in deiner Karriere nutzen kannst. Halte deine Gedanken, Eindrücke und Erkenntnisse in einem Journal fest. Das Festhalten von Beobachtungen kann dir helfen, Muster zu erkennen und deine Erkenntnisse zu reflektieren. Untersuche deine Träume und Ziele. Was sind die Dinge, die du wirklich erreichen möchtest? Deine wahren Leidenschaften könnten eng mit deinen tiefsten Wünschen verbunden sein.

Indem du diese Schritte befolgst und offen für neue Erfahrungen bist, kannst du besser verstehen, was dich wirklich antreibt und welche Talente du entwickeln möchtest. Es ist ein fortlaufender Prozess, und es ist nie zu spät, deine Leidenschaften zu erkennen und ihnen zu folgen.

Mind Mapping:

Mind Mapping ist eine kreative Methode, um Ideen visuell zu organisieren und zu strukturieren. Es wurde vom britischen Autor und Berater Tony Buzan entwickelt. Hier sind die grundlegenden Schritte zum Erstellen eines Mind Maps:

1. Thema wählen:
   - Entscheide dich für ein zentrales Thema oder eine zentrale Idee, die du erkunden möchtest. Dies wird der Mittelpunkt deines Mind Maps sein.

2. Hauptidee in die Mitte setzen:
   - Schreibe die Hauptidee in die Mitte des Blattes oder der digitalen Fläche und zeichne einen Kreis oder eine Wolke darum.

3. Zweige für Hauptthemen erstellen:
   - Identifiziere die Hauptthemen oder Schlüsselkonzepte, die mit der zentralen Idee

verbunden sind. Zeichne Äste von der Mitte aus, die zu diesen Hauptthemen führen.

4. Unterthemen hinzufügen:
   - Erweitere jeden Hauptast, indem du Unterpunkte oder Unterthemen hinzufügst. Diese können durch kleinere Zweige mit dem entsprechenden Hauptthema verbunden werden.

5. Verbindungslinien verwenden:
   - Zeichne Verbindungslinien, um die Beziehungen zwischen verschiedenen Ideen darzustellen. Dies kann durch Pfeile oder Linien erfolgen, die die Verbindung zwischen verwandten Konzepten anzeigen.

6. Farben und Symbole verwenden:
   - Verwende Farben und Symbole, um visuelle Unterscheidungen zwischen verschiedenen Ideen zu schaffen. Dies hilft dabei, Informationen schneller zu erfassen und zu organisieren.

7. Stichwörter und Schlüsselbegriffe verwenden:

- Statt vollständige Sätze zu verwenden, verwende Stichwörter oder Schlüsselbegriffe, um Platz zu sparen und die Klarheit zu erhöhen.

8. Bilder hinzufügen
   - Integriere Bilder oder Symbole, um Ideen visuell zu unterstützen. Dies kann die Kreativität fördern und das Verständnis vertiefen.

9. Freies Assoziieren:
   - Lasse deinen Gedanken freien Lauf und assoziiere Ideen spontan. Es ist wichtig, sich nicht zu zensieren, um kreative Verbindungen zu ermöglichen.

10. Hierarchie berücksichtigen:
    - Achte auf die Hierarchie der Informationen. Hauptthemen sollten näher am Zentrum liegen, während Unterthemen weiter außen angeordnet sind.

11. Flexibilität bewahren:
    - Sei offen für Änderungen und Ergänzungen. Mind Maps sind dynamisch und können sich im Verlauf des Denkprozesses entwickeln.
12. Digital oder auf Papier erstellen:

- Du kannst Mind Maps traditionell auf Papier erstellen oder digitale Tools verwenden. Es gibt viele Online-Plattformen und Software, die speziell für Mind Mapping entwickelt wurden.

Mind Maps sind eine kraftvolle Methode, um komplexe Ideen zu organisieren, Kreativität zu fördern und den Denkprozess zu visualisieren. Sie werden in verschiedenen Bereichen eingesetzt, von der Ideenfindung über das Projektmanagement bis hin zur Strukturierung von Lernmaterialien.

6-3-5 Methode:

Die 6-3-5-Methode ist eine kreative Technik, die verwendet wird, um Ideen in einer Gruppe zu generieren und zu strukturieren. Hier sind die grundlegenden Schritte dieser Methode:

1. Teilnehmer und Material:
   - Sechs Teilnehmer setzen sich an einen Tisch und erhalten jeweils ein Blatt Papier mit einer leeren Tabelle, die sechs Zeilen und drei Spalten enthält.

2. Generierung von Ideen:
- In einem festgelegten Zeitrahmen von beispielsweise fünf Minuten schreibt jeder Teilnehmer eine Idee oder Lösung in die erste Zeile der Tabelle.

3. Weitergabe an den Nachbarn:
- Nach Ablauf der Zeit geben die Teilnehmer ihre Blätter an ihren rechten Nachbarn weiter. Die Person liest die Idee des Vorgängers und entwickelt basierend darauf eine neue Idee oder Variation in der nächsten Zeile.

4. Weitergabe und Iteration:
- Dieser Prozess wird sechs Mal wiederholt, wobei jeder Teilnehmer nacheinander seine Ideen auf dem Blatt des Nachbarn weiterentwickelt. Dadurch entsteht eine kontinuierliche Iteration und Variation der Ideen.

5. Kreative Ergänzungen:
- Während des Prozesses sind die Teilnehmer aufgefordert, die Ideen zu verfeinern, zu erweitern oder kreativ zu ergänzen. Dies fördert den kollaborativen Gedankenaustausch.

6. Sammlung und Präsentation:

- Am Ende der Runde werden die Blätter gesammelt, und jede Idee wird der Gruppe präsentiert. Dadurch entsteht eine Vielzahl von Ideen, die durch die kreativen Beiträge aller Teilnehmer weiterentwickelt wurden.

Die 6-3-5-Methode ist eine effektive Möglichkeit, kreative Ideen schnell zu generieren und den Denkprozess durch die Zusammenarbeit in der Gruppe zu erweitern. Es fördert die Vielfalt der Perspektiven und die kontinuierliche Entwicklung von Ideen.

Brainstorming:

Brainstorming ist eine kreative Technik zur Ideenfindung, die darauf abzielt, spontane und ungefilterte Vorschläge zu generieren. Es ist ein informeller Prozess, bei dem Mitglieder einer Gruppe zusammenkommen, um Ideen zu einem bestimmten Thema zu sammeln. Hier sind einige Schritte für ein effektives Brainstorming:

1. Klare Zielsetzung:

- Definiere klar das Ziel des Brainstormings. Was möchtest du erreichen? Eine klare Zielsetzung hilft dabei, den Fokus zu behalten.

2. Gruppe zusammenstellen:

- Stelle eine Gruppe von Personen zusammen, die verschiedene Perspektiven und Fachkenntnisse repräsentieren. Eine vielfältige Gruppe kann zu einer breiten Palette von Ideen führen.

3. Entspannte Umgebung schaffen:

- Schaffe eine entspannte und offene Atmosphäre. Die Teilnehmer sollten sich ermutigt fühlen, ihre Ideen frei zu äußern, ohne Angst vor Kritik.

4. Zeitlimit setzen:

- Setze ein Zeitlimit für die Brainstorming-Sitzung. Dies fördert den Fokus und verhindert, dass die Gruppe zu lange an einer einzelnen Idee festhält.

5. Freies Assoziieren:

- Lass die Teilnehmer frei assoziieren und Ideen ohne Einschränkungen äußern. Es geht darum, so viele Ideen wie möglich zu sammeln, ohne sie zu bewerten.

6. Quantität vor Qualität:

- Betone die Quantität der Ideen vor der Qualität. In der Anfangsphase des Brainstormings ist es wichtig, eine Vielzahl von Ideen zu generieren, unabhängig von ihrer Machbarkeit oder Relevanz.

7. Kombinieren und Variieren:

- Ermutige die Teilnehmer, Ideen zu kombinieren oder zu variieren. Dies kann dazu beitragen, neue und innovative Ansätze zu entwickeln.

8. Visualisierungstechniken:

- Verwende visuelle Hilfsmittel wie Mind Maps, Diagramme oder Skizzen, um Ideen zu visualisieren. Visuelle Darstellungen können kreative Verbindungen erleichtern.

9. Kritik aussetzen:

- Verzichte in der Anfangsphase darauf, Ideen zu kritisieren. Die Kritik kann den kreativen Fluss hemmen. Reserviere die Bewertung für spätere Phasen.

10. Aufgeschlossene Haltung:

- Fordere eine aufgeschlossene Haltung gegenüber unkonventionellen Ideen. Manchmal führen gerade ungewöhnliche Vorschläge zu innovativen Lösungen.

11. Aufzeichnung der Ideen:
- Notiere alle Ideen sichtbar für die Gruppe. Dies kann auf einem Whiteboard, einem Flipchart oder digital erfolgen.

12. Ergänzende Runden:
- Führe bei Bedarf mehrere Brainstorming-Runden durch. Nach einer Pause oder nachdem neue Informationen verfügbar sind, können weitere Ideen entstehen.

13. Gruppeninteraktion:
- Ermutige die Gruppenmitglieder, auf die Ideen anderer zu reagieren und diese weiterzuentwickeln. Die Interaktion kann zu einem kollektiven Denkprozess führen.

14. Auswahl und Bewertung:
- Nach der Sammlung der Ideen erfolgt die Auswahl und Bewertung. Die besten Ideen werden ausgewählt, weiterentwickelt und möglicherweise in konkrete Maßnahmen umgesetzt.

Brainstorming ist eine flexible Methode, die in verschiedenen Kontexten eingesetzt werden kann, sei es zur Lösung von Problemen, zur Entwicklung neuer Produkte oder zur Förderung kreativer Ideen in einem Team. Durch den Fokus auf Kreativität und das Aussetzen von Bewertungen in der Anfangsphase ermöglicht das Brainstorming einen freien Ideenaustausch.

Kapitel 9: Die Suche nach Bedeutung

Die Suche nach Sinn und Zweck im Leben ist eine persönliche Reise, die oft mit Selbstreflexion, Wachstum und der Entdeckung persönlicher Werte verbunden ist. Nimm dir Zeit für Selbstreflexion. Frage dich, was dir im Leben wirklich wichtig ist, welche Werte du schätzt und welche tiefen Überzeugungen du hast. Identifiziere deine Stärken und Leidenschaften.

Was machst du gerne?

Wo liegen deine natürlichen Talente?

Die Verbindung von Leidenschaft und Stärken kann einen Hinweis auf deinen Zweck geben. Kläre deine persönlichen Werte.

Welche Prinzipien sind dir wichtig?

Deine Werte bilden die Grundlage für Entscheidungen und Handlungen, die deinen Lebenszweck beeinflussen. Setze klare Ziele und Träume für dein Leben.

Was möchtest du erreichen?

Das Festlegen von Zielen gibt deinem Leben eine Richtung und einen Zweck. Engagiere dich aktiv für persönliches Wachstum. Die ständige Entwicklung und Weiterentwicklung fördern ein tieferes Verständnis deiner selbst und können zu einem erfüllteren Leben beitragen. Praktiziere Achtsamkeit und bewusstes Leben. Das bewusste Erleben des gegenwärtigen Moments kann dazu beitragen, die Bedeutung in kleinen Dingen zu finden und ein tieferes Verständnis für das Leben zu entwickeln. Engagiere dich in gemeinnütziger Arbeit oder Dienst an anderen. Das Helfen und Unterstützen von anderen kann einen tieferen Sinn und Zweck im Leben vermitteln. Baue sinnvolle Beziehungen auf. Der Austausch von Erfahrungen und Werten mit anderen Menschen kann zu einem tieferen Verständnis deiner selbst und deines Zwecks führen. Akzeptiere Dinge, die außerhalb deiner Kontrolle liegen, und lerne loszulassen. Die Fähigkeit, Veränderungen zu akzeptieren, kann dazu beitragen, inneren Frieden zu finden und den eigenen Lebenszweck zu klären. Reise und sammle neue Erfahrungen. Das Erkunden neuer Orte und Kulturen kann den Horizont erweitern und dabei helfen, den eigenen Platz in der Welt zu verstehen. Drücke dich kreativ aus. Egal ob durch Kunst, Musik, Schreiben oder andere kreative Ausdrucksformen, kreatives Schaffen kann einen tieferen Sinn vermitteln. Erkunde deine spirituelle Seite. Für manche Menschen bietet Spiritualität eine Quelle für Sinn und Zweck im Leben. Bleibe lernbereit. Die Neugier und der Wunsch nach kontinuierlichem Lernen können dazu beitragen, einen fortwährenden Sinn im Leben zu finden. Sei geduldig mit dem Prozess. Die Suche nach Sinn und Zweck im Leben ist oft eine Reise, die Zeit und Entdeckung erfordert.

Es ist wichtig zu beachten, dass die Suche nach Sinn und Zweck im Leben individuell ist und sich im Laufe der Zeit entwickeln kann. Es ist ein kontinuierlicher Prozess, der Selbstakzeptanz, Wachstum und die Bereitschaft zur Anpassung an Veränderungen erfordert.

Die Integration spiritueller Aspekte in die Persönlichkeitsentwicklung kann eine tiefgreifende und erfüllende Dimension hinzufügen. Spirituelle Praktiken können dazu beitragen, Sinn, Zweck und innere Ruhe zu finden.

Spirituelle Praktiken betonen oft Selbstreflexion und Achtsamkeit. Die bewusste Wahrnehmung des gegenwärtigen Moments kann helfen, die eigenen Gedanken und Emotionen besser zu verstehen. Die Entwicklung einer Verbindung zu einer höheren Kraft, sei es durch Gebet, Meditation oder andere spirituelle Praktiken, kann einen Sinn für Transzendenz und Spiritualität fördern. Spirituelle Praktiken können die Entwicklung von Werten und ethischem Verhalten fördern. Die Orientierung an spirituellen Prinzipien kann als Leitfaden für moralisches Handeln dienen. Spirituelle Weisheit lehrt oft die Kunst der Akzeptanz und des Loslassens. Das Akzeptieren von Dingen, die außerhalb unserer Kontrolle liegen, und das Loslassen von unnötigem Ballast können zu innerem Frieden führen. Viele spirituelle Traditionen betonen den

Dienst an anderen als einen Weg zur Selbstverwirklichung.
Das Helfen und Unterstützen anderer kann eine tiefere
Erfüllung und Verbindung mit dem Ganzen schaffen.
Spirituelle Praktiken können dazu beitragen, tiefere Fragen
nach dem Sinn des Lebens und der eigenen Existenz zu
erforschen. Die Suche nach Bedeutung kann ein wichtiger
Bestandteil der spirituellen Persönlichkeitsentwicklung
sein. Einführung von Ritualen und Zeremonien in den
Alltag. Dies können Gebete, Meditationen oder andere
spirituelle Rituale sein, die einen Raum für Reflexion und
Verbindung schaffen. Die Praxis von Dankbarkeit und das
Erkennen von Gnade in verschiedenen Aspekten des
Lebens können eine positive Einstellung fördern und das
Bewusstsein für die Wunder des Lebens schärfen.
Spirituelle Entwicklung geht oft mit einem tieferen
Verständnis für das Leiden anderer einher. Die Kultivierung
von Mitgefühl kann zu einem harmonischeren Umgang mit
anderen Menschen und der Welt führen. Die Idee der
Selbsttranszendenz, das Erkennen, dass das eigene Selbst
größer ist als die individuelle Persönlichkeit, ist ein zentraler
Aspekt der spirituellen Persönlichkeitsentwicklung.
Spirituelle Praktiken können als Quelle der emotionalen,
mentalen und spirituellen Heilung dienen. Die Integration
von Spiritualität in die Persönlichkeitsentwicklung kann
dazu beitragen, Blockaden zu lösen und innere Harmonie
zu finden. Der spirituelle Glaube an Veränderung und

Wachstum kann dazu ermutigen, Herausforderungen als Chancen für persönliche Entwicklung zu betrachten. Die Integration spiritueller Aspekte in die Persönlichkeitsentwicklung ist eine individuelle Reise. Es ist wichtig, eine Praxis zu finden, die persönlich bedeutsam ist und zu einem tieferen Verständnis von sich selbst und der Welt führt.

Einen Beitrag zur Gemeinschaft und zur Welt zu leisten, kann eine erfüllende und bedeutsame Erfahrung sein. Engagiere dich in gemeinnütziger Arbeit oder Freiwilligenprojekten. Viele Organisationen suchen Freiwillige, sei es in lokalen Gemeinschaften oder auf globaler Ebene. Unterstütze Bildungsprojekte und Initiativen. Bildung ist ein Schlüssel zur Verbesserung von Lebensqualität und Zukunftsperspektiven. Trage zum Umweltschutz bei, sei es durch Müllsammelaktionen, Aufforstungsprojekte oder die Förderung nachhaltiger Lebensweisen. Engagiere dich in Gesundheitsprojekten, sei es durch Aufklärung über Gesundheitsfragen, Unterstützung von Gesundheitskliniken oder Spenden für medizinische Einrichtungen. Hilf bedürftigen Menschen, sei es durch Spenden an Hilfsorganisationen, Unterstützung von Obdachlosen oder aktive Hilfe in Gemeinschaftszentren. Setze dich für die Förderung von Vielfalt und Inklusion ein. Unterstütze Organisationen, die sich für Gleichberechtigung und Respekt für alle Menschen einsetzen. Engagiere dich in sozialen Gerechtigkeitsinitiativen. Dies könnte die Teilnahme an Demonstrationen, das Teilen von Informationen in sozialen Medien oder die Unterstützung von Organisationen sein, die für Gerechtigkeit kämpfen. Unterstütze Kunst- und Kulturinitiativen in deiner Gemeinschaft. Kultur trägt zur Bereicherung der Gesellschaft bei und fördert das Verständnis zwischen verschiedenen Gemeinschaften. Biete Mentoring und Bildungsunterstützung an, sei es für Kinder, Jugendliche oder Erwachsene. Dein Wissen und deine Erfahrungen können dazu beitragen, das Potenzial anderer zu entfalten. Spende für internationale Hilfsorganisationen oder engagiere dich in Projekten, die auf die Bewältigung globaler Herausforderungen abzielen, wie Armut, Hunger oder Naturkatastrophen. Unterstütze kleine lokale Initiativen und Geschäfte. Der Kauf von Produkten aus lokaler Produktion kann zur Stärkung der Gemeinschaft beitragen. Trage zur Verbreitung von Positivität bei, sei es durch aufmunternde Worte, soziale Medien oder einfache Handlungen der Freundlichkeit im Alltag. Teile deine Fähigkeiten und Kenntnisse mit anderen. Dies könnte durch Workshops, Schulungen oder ehrenamtliche Lehrtätigkeiten geschehen. Achte auf ethischen Konsum. Kaufe Produkte von Unternehmen, die soziale und ökologische Verantwortung übernehmen.

Jeder Beitrag, egal wie klein, kann einen positiven Einfluss haben. Die Art des Beitrags kann von den eigenen Interessen, Fähigkeiten und Ressourcen abhängen. Es geht darum, bewusst zu handeln und dazu beizutragen, eine bessere Welt für alle zu schaffen.

Kapitel 10: Die fortwährende Reise

Lebenslanges Lernen bezieht sich auf den fortlaufenden Prozess des Erwerbs neuer Kenntnisse, Fähigkeiten, Kompetenzen und Erfahrungen während des gesamten Lebens. Die Bedeutung des lebenslangen Lernens ist in unserer sich ständig verändernden Welt von großer Relevanz.

In einer sich schnell entwickelnden Welt, in der Technologie, Wirtschaft und Gesellschaft ständig im Wandel sind, ist die Fähigkeit zur Anpassung entscheidend. Lebenslanges Lernen ermöglicht es Menschen, flexibel auf neue Situationen zu reagieren und sich an sich verändernde Anforderungen anzupassen. Die Arbeitswelt unterliegt ständigen Veränderungen. Neue Technologien, Methoden und Branchentrends entstehen fortlaufend. Durch lebenslanges Lernen können Berufstätige ihre Fähigkeiten aktualisieren, sich weiterentwickeln und wettbewerbsfähig auf dem Arbeitsmarkt bleiben. Lebenslanges Lernen fördert die persönliche Entwicklung und Selbstverwirklichung. Es ermöglicht Menschen, ihre Interessen zu verfolgen, ihre Leidenschaften zu entdecken und ein erfülltes Leben zu führen. Lernen erweitert den Horizont und fördert ein tiefes Verständnis für verschiedene Kulturen, Denkweisen und

Perspektiven. Dies trägt zu einer offeneren, toleranteren und globaleren Sichtweise bei. Das geistige Training, das mit lebenslangem Lernen einhergeht, kann die kognitive Gesundheit fördern und das Risiko von altersbedingten Erkrankungen verringern. Lernen trägt auch zur geistigen Fitness und zur Bewältigung von Stress bei. Im Ruhestand ermöglicht lebenslanges Lernen eine sinnvolle Beschäftigung und trägt dazu bei, soziale Verbindungen aufrechtzuerhalten. Es bietet die Möglichkeit, neue Hobbys zu entwickeln, ehrenamtlich tätig zu sein und einen aktiven Lebensstil zu pflegen. Lernen fördert Innovation und Kreativität. Die Integration von unterschiedlichen Wissensbereichen und die Fähigkeit, verschiedene Ideen zu kombinieren, können zu innovativen Lösungen führen. Lernen kann soziale Integration fördern, indem es Menschen die Möglichkeit gibt, an Gemeinschaftsaktivitäten, Kursen oder Gruppen teilzunehmen. Der Austausch von Wissen und Erfahrungen stärkt soziale Bindungen. Die ständige Suche nach Wissen und das Streben nach persönlichem Wachstum tragen zur Steigerung der Lebensqualität bei. Lernen schafft Erfahrungen, die das Leben bereichern. Lebenslanges Lernen fördert nachhaltige Entwicklung, da es die Menschen dazu befähigt, bewusstere Entscheidungen zu treffen und sich für Umweltschutz und soziale Verantwortung einzusetzen.

Insgesamt ist lebenslanges Lernen ein Schlüssel zu persönlichem Erfolg, beruflicher Weiterentwicklung und einer erfüllten Lebensreise. Es trägt dazu bei, den Geist lebendig zu halten, die Welt besser zu verstehen und sich kontinuierlich weiterzuentwickeln.

Rückblick (Reflektion) und Vorausblick (Prognose) spielen entscheidende Rollen in der persönlichen Entwicklung und im Lernprozess. Beide Aspekte ermöglichen es Menschen, aus vergangenen Erfahrungen zu lernen, sich weiterzuentwickeln und ihre Zukunft zu gestalten.

Rückblick (Reflexion)

1. **Lernprozess verstehen:** Durch einen Rückblick auf vergangene Erfahrungen können Menschen ihren Lernprozess besser verstehen. Das Überdenken von Erfolgen, Herausforderungen und Fehlern bietet Einblicke in die eigenen Stärken und Schwächen.

2. **Selbstreflexion:** Rückblick ermöglicht Selbstreflexion. Die Analyse vergangener Entscheidungen und Handlungen fördert das Bewusstsein für die eigenen Werte, Ziele und Überzeugungen.

3. **Fehler als Lernchance:** Rückblick hilft dabei, Fehler als Lernchancen zu betrachten. Anstatt sich von Fehlern entmutigen zu lassen, können Menschen durch die Analyse verstehen, was schiefgelaufen ist, und Strategien entwickeln, um in Zukunft besser zu handeln.

4. **Persönliches Wachstum:** Durch den Rückblick auf persönliche Meilensteine und Erfolge können Menschen ihren Fortschritt im Laufe der Zeit erkennen. Dies fördert ein Gefühl des persönlichen Wachstums und der Entwicklung.

5. **Beziehungen stärken:** Rückblick auf zwischenmenschliche Beziehungen ermöglicht es, Kommunikationsmuster zu verstehen und positive Interaktionen zu fördern. Es hilft auch dabei, aus Herausforderungen in Beziehungen zu lernen.

6. **Zufriedenheit und Dankbarkeit:** Durch Rückblick können Menschen eine Bilanz ihres Lebens ziehen und Momente der Zufriedenheit und Dankbarkeit erkennen. Dies trägt zum emotionalen Wohlbefinden bei.

Vorausblick (Prognose):

1. **Zukunftsplanung:** Vorausblick ist entscheidend für die Planung der Zukunft. Es ermöglicht Menschen, klare Ziele zu setzen und Strategien zu entwickeln, um diese Ziele zu erreichen.

2. **Entwicklung von Fähigkeiten:** Der Vorausblick hilft dabei, zukünftige Fähigkeiten und Kompetenzen zu identifizieren, die für persönliches und berufliches Wachstum erforderlich sind. Dies fördert eine gezielte Weiterentwicklung.

3. **Entscheidungsfindung:** Die Überlegung zukünftiger Konsequenzen unterstützt eine fundierte Entscheidungsfindung. Menschen können abwägen, wie ihre Handlungen ihre Zukunft beeinflussen könnten.

4. **Motivation:** Die Vorstellung eines positiven zukünftigen Zustands kann als Motivation dienen. Vorausblick ermöglicht es Menschen, ihre Energie darauf zu konzentrieren, ihre Ziele zu erreichen.

5. **Anpassungsfähigkeit:** Durch den Blick in die Zukunft können Menschen ihre Anpassungsfähigkeit stärken. Die Fähigkeit, auf Veränderungen vorbereitet zu sein und flexibel zu reagieren, ist entscheidend in einer sich schnell wandelnden Welt.

6. **Kurz- und langfristige Ziele:** Der Vorausblick hilft dabei, sowohl kurzfristige als auch langfristige Ziele zu setzen. Dies schafft eine klare Richtung und ermöglicht es, die Schritte zur Erreichung dieser Ziele zu planen.

7. **Eigenverantwortung:** Die Betrachtung der Zukunft fördert ein Gefühl der Eigenverantwortung. Menschen können erkennen, dass ihre Handlungen Auswirkungen auf ihre Zukunft haben, und übernehmen die Verantwortung für ihre Entscheidungen.

Insgesamt sind Rückblick und Vorausblick zwei entscheidende Komponenten im kontinuierlichen Lern- und Entwicklungsprozess. Durch die bewusste Anwendung dieser Perspektiven können Menschen ihr Verhalten verstehen, wachsen und gezielt auf ihre zukünftigen Ziele hinarbeiten.

Die Inspiration, anderen auf ihrem Weg zu helfen, ist eine kraftvolle Motivation, die tiefgreifende positive Auswirkungen haben kann, sowohl für diejenigen, die Hilfe erhalten, als auch für diejenigen, die helfen.
Indem du anderen hilfst, trägst du dazu bei, eine starke und unterstützende Gemeinschaft zu schaffen.
Gemeinschaften, die sich gegenseitig unterstützen, sind widerstandsfähiger und können gemeinsam positive Veränderungen bewirken. Durch das Teilen deines Wissens und deiner persönlichen Erfahrungen kannst du anderen helfen, Herausforderungen zu bewältigen und schneller zu lernen. Dies schafft eine Atmosphäre des Lernens und des Wachstums. Die Hilfe für andere kann Empowerment fördern. Indem du Menschen Werkzeuge und Ressourcen zur Verfügung stellst, ermöglichst du ihnen, ihre Fähigkeiten zu nutzen und selbstbewusster durchs Leben zu gehen. Die Bereitschaft, anderen zu helfen, hat positive Auswirkungen auf die Gesellschaft als Ganzes. Kleine Handlungen der Freundlichkeit und des Supports können eine Kettenreaktion positiver Veränderungen auslösen. Indem du anderen auf ihrem Weg hilfst, fungierst du als Vorbild. Du zeigst, dass Mitgefühl, Großzügigkeit und

Unterstützung wichtige Werte sind, die eine Gemeinschaft stärken. Die Hilfe für andere kann ein tiefes Gefühl der Erfüllung und Sinnhaftigkeit schaffen. Das Wissen, dass deine Handlungen das Leben anderer verbessern, trägt zu einem erfüllten Leben bei. Das Helfen von anderen fördert die Verbindung und den Aufbau bedeutungsvoller zwischenmenschlicher Beziehungen. Die gemeinsame Erfahrung des Gebens stärkt Bindungen und schafft ein Gefühl der Zusammengehörigkeit. Wenn du andere auf ihrem Weg unterstützt, kannst du deine Begeisterung und Leidenschaft für bestimmte Themen oder Ziele weitergeben. Dies kann dazu beitragen, ein gemeinsames Verständnis und Engagement zu fördern. Hilfe kann dazu beitragen, Chancen zu schaffen, die anderen möglicherweise sonst nicht zugänglich wären. Das Öffnen von Türen und das Bereitstellen von Ressourcen eröffnen neue Perspektiven. Viele Menschen glauben an das Prinzip von Karma, dass positive Handlungen positive Energie und Ergebnisse zurückbringen. Das Helfen anderer wird oft als positive Kraft angesehen, die sich auf vielfältige Weise manifestieren kann.

Die Inspiration, anderen zu helfen, geht über den individuellen Nutzen hinaus und trägt zu einer Kultur des Mitgefühls, der Unterstützung und der kollektiven Entwicklung bei. Es erinnert uns daran, dass unser Wohlbefinden miteinander verbunden ist und dass wir durch die Stärkung anderer letztendlich auch uns selbst stärken können.

Epilog: Aufbruch zu neuen Horizonten

In diesem Buch haben wir gemeinsam eine Reise durch die Facetten der Persönlichkeitsentwicklung unternommen. Wir haben über Selbstreflexion nachgedacht, Stärken und Schwächen identifiziert, die Macht der Gedanken erforscht und Werkzeuge für persönlichen Erfolg entdeckt. Gemeinsam haben wir uns mit Kommunikation, Zeitmanagement, Zielfindung und Resilienz auseinandergesetzt. Wir haben die Bedeutung von Selbstfürsorge, Achtsamkeit und positiven Gewohnheiten erkundet, um ein erfülltes und ausgewogenes Leben zu gestalten.

Als wir diese Reise begonnen haben, standen wir an einem Punkt des Wissens, der vielleicht von Fragen, Unsicherheiten und Neugierde geprägt war. Jetzt, da wir dieses Buch abschließen, stehen wir am Ende eines Kapitels, reicher an Erkenntnissen und Werkzeugen, um unser Bestes selbst zu gestalten.

Möge dieser Epilog nicht das Ende, sondern vielmehr den Beginn eines aufregenden neuen Kapitels markieren. Die Reise der Persönlichkeitsentwicklung ist niemals abgeschlossen. Sie ist eine kontinuierliche Reise des Wachstums, der Entdeckung und des Lernens.

Denke an die kleinen Schritte, die du auf dieser Reise gemacht hast. Die Veränderungen in deinem Denken, die neuen Gewohnheiten, die du kultiviert hast, und die Beziehungen, die du vertieft hast. Diese sind nicht nur Meilensteine, sondern auch Bausteine für das, was noch vor dir liegt.

Der Weg mag herausfordernd sein, aber er ist auch aufregend. Jede Hürde ist eine Gelegenheit zu lernen, zu wachsen und stärker zu werden. Jeder Augenblick der Freude und des Erfolgs ist eine Bestätigung deiner Bemühungen.

Möge die Erkenntnis, dass du die Fähigkeit zur Veränderung und zum Wachstum besitzt, dich inspirieren. Die Welt ist voller Möglichkeiten, und du bist bereit, sie zu nutzen. Nimm diese Erkenntnisse mit, trage sie wie einen Schatz in deinem Herzen und lasse sie dich auf deiner fortlaufenden Reise leiten.

Mögest du, lieber Leser, die Entdeckungen und Einsichten aus diesem Buch als Werkzeuge in deiner persönlichen

Werkzeugkiste tragen. Dein Weg liegt vor dir, und du bist der Architekt deines eigenen Wachstums.

Aufbruch zu neuen Horizonten, zu einer tieferen Verbindung mit dir selbst und zu einer erfüllten Zukunft. Möge diese Reise der Persönlichkeitsentwicklung für dich lebenslang und lohnend sein.

Alles Gute auf deinem Weg!

Adise

Printed in Great Britain
by Amazon

32142516R00050